Rosy Lutz

Grodmitfleiß

Rosy Lutz

Grodmitfleiß

Verlag Mayer & Söhne, Aichach

Oktober 2008

Adresse: Rosy Lutz, Sonnwendstraße 5, 86551 Aichach-Klingen
Tel. 0 82 51/37 76 · E-Mail: Rosy.Lutz@gmx.de

Illustrationen: Hanns Ostermair
Gesamtherstellung: Mayer & Söhne GmbH
ISBN 978-3-923778-06-5

Inhalt

Mei erstes Buach sei s'letzte gwen,
hob i mir damals denkt,
doch wias so is in meinen Lebn,
hom d'Leit mi wieder drängt.

A lange Zeit de hob i braucht,
hob alles überdacht
a deama hods mi bärig gschlaucht,
hob doch wos fertigbracht.

Da Verstand der bremst, es kimmt dös Hirn
vui langsamer auf Touren,
dös ko ma jeden Tog scho gspürn,
do hift koa Dokter, koane Kuren.

Wos i so zamtrogn hob, de Johr,
dös laß i enk iatz lesen,
dass mancher sogn ko, dös is wohr,
so ähnlich is dös gwesen.

Iatz nehmts eich Zeit zur Leserei,
na hod dös ganze Sinn,
wars net umsonst de Schreiberei
es steht für oi wos drin!

Willkommen

I mecht enk oi willkommen heißen,
de Bayern zerst und dann die Preißen,
iatz hockt's enk hi und gebts a Ruah,
es gibt heit Zeit zum Ratschen gmua,
ois wia's do seids, mecht i nenna,
dös werds eich dann scho merken könna:
Als erst's die Banker und Vertreter,
die grüass i iatz – dös tuat net jeder,
de Maurer Zimmerleit und Putzer,
die Malergselln und Handynutzer,
de Beamten und die Bleistiftspitzer,
de Spengler und die Dachstuhlsitzer,
d Hebamm' grüß i, d'Krankenschwester,
die Bullen- und die Schweinemäster,
an IG Steine und IG Metall,
an schönen Gruaß in jedem Fall,
dann grüss i unsern Burgermoaster,
bei so an Anlaß, mei do roast er,
an Pfarrer grüß i bsonders nett,
ob er heit Zeit zum Beichten hätt?
D'Hausfrau grüß i und d'Studenten
die Bezieher von der Altersrenten,
d'Mechaniker vom PKW
und d'Mitglieder der SPD,
die von der CSU san a guat do,
de hocka sich do hinten no,
an Architekt und an Jurist,
i grüß enk voller Hinterlist,
willkommen de Kartoffelbauer,
an Metzger und an Fleischbeschauer,

d'Fußbodenleger, d'Tapezierer,
an Bierausfahrer und an Baggerführer,
de Nackerten und de mit'm Gwand,
i grüss enk alle miteinand,
d'Kanalarbeiter, d'Straßenkehrer,
d'Apotheker und die Lehrer,
d'Fußballer und d'Stabhochspringer,
d'Radlfohrer und die Ringer,
an Kloaausschneider und an Millimesser,
de Vegetarier und die Körndlfresser,
an eich mitnander, an schönen Gruass,
von ganzen Herzen, mit Hand und Fuass,
und ganz am Schluß die nicht Genannten,
d'Bedienungen und d'Musikanten,
und alle gebn die Ehr uns heit,
zum Hoagarten mit unsere Leit,
Musikanten spuits auf, es soll sich wos rührn,
i laß enk an Kübel Erdäpfel siedn!

Neujahrsvorsätze

Im neia Johr, do tät i gern,
ois erst's a wenig schlanker wern,
i hätt für mi gern mehra Zeit,
dass s'Telefon net dauernd läut,
i mecht iatz mehr zuhause sei,
schreib' abends koan Termin mehr nei
und dass i nimma sovui gwandt,
hob eh' an Haufa Sach' beinand,
dass i mit'm Mo iatz nimma streit,
dös tuat mir hintnoch meistens leid,
bei de Kinder sollt i nix mehr sogn,
weil die dös gor net recht vertrogen,
dass i net bloß mit dem Auto kimm
sondern öfters mal dös Radl nimm'
und dass i mehra z'Fuass geh' kannt,
na wär i anderster beinand,
dass i koan Schnaps mehr trink – der taugt mir nicht
und dass i nie mehr d'Leit ausricht
dass i mehr Ordnung halt im Haus,
do schaugts manchmal chaotisch aus,
mehr Phantasie bräucht i beim Kocha,
dös hob i meine Leit versprocha,
i müsst mehr grasen in mein Garten,
do sollt i net so lange warten,
mei Auto sollt i öfters putzen,
dös tät mir beim Verkaffa nutzen,
i sollt net so oft telefoniern,
na tät i d'Rechnung reduziern,
dass i net ois iss, wos mir ois bringa,
na kannt mei Traumgewicht gelinga,

all diese Vorsätz' falln mir bei,
dös müsst jetzt fast scho alles sei,
von mir aus geht dös Neujohr o:
„I hoid mi sowieso net dro"!

Ratschlag an eine Freundin

I tät dir gern an Ratschlag gebn,
i woass net obst'hn mogst,
weil i versteh fei wos vom Lebn,
erklär' dir wos'd mi frogst!

De Lebensweisheit hob i pacht,
woass über ois Bescheid,
i hob an Kurs darüber gmacht,
iatz kanntens frogn, die Leit!

Weil koana kimmt, der wo mi fragt,
iatz hob i nix zum toa,
drauf hob i zu mir selba gsagt:
„Iatz rat i mir alloa"!

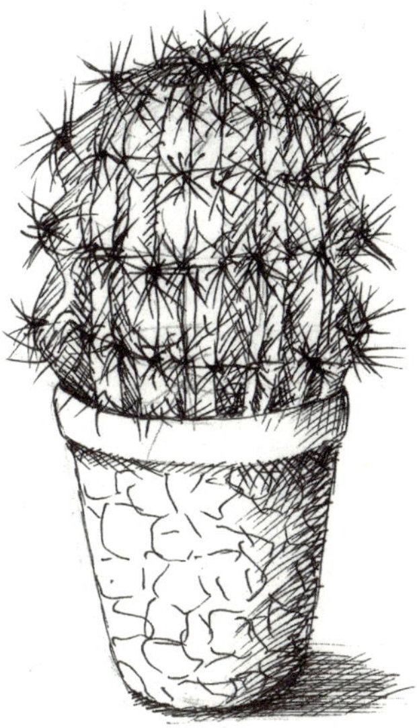

Wenn ma in Ruhestand geht –
an einen Rentner

Wenn ma in Ruhestand geht, brauchts vorbereiten,
für ruhigere Rentenzeiten,
do muasst wos toa und werd' wos gricht,
sonst überlebst die nächsten Jahre nicht,
weil die – wie die Erfahrung zeigt,
net einfach wern, wie man so schreibt,
de nächsten Jahre de san fei schwer,
do kimmt so allerhand daher,
do hoaßts iatz einfach abzuwägen,
medizinisch an Vorrat anzulegen:

Als erst's brauchts Salben für die Haxen,
für d'Muskeln wos und für die Flaxen,
dazua a Crem' für deinen Rücken,
na kannst dich endlich wieder bücken,
dazua a Crem' für deine Bletzen,
dös woasst du sicher wohl zu schätzen,
zur Prophylaxe kaffst no ei,
a Haftcrem' für die falschen Zäh,
für d'Zehanägel sollst a wos kaffa,
na brauchst net gor so kroalat laffa.
Vielleicht noch an Glukosetropf,
der hilft für einen klaren Kopf,
na brauchst no wos bei Gingivitis,
wannst do nix machst, Bua dös wird kritisch
und weiter soll im Haus stets sei,
dös kaffst am besten morgen glei ei:

Für'n Haarausfall wos und für d'Odern;
für d'Wassersucht und schwarze Blattern,
für d'Läus a Crem und für den Grind,
damit dös Zeug am Kopf verschwind,
dazua für'n linken Fuass a Fatschen,
na kann man plötzlich wieder hatschen,
ausserdem – nicht zu beneiden,
no wos für's oide Mannaleiden,
na richts wos her für deine Hitzen,
aber sechzig fangt ma an zu schwitzen,
dazua noch Hühneraugenpflaster,
und Tropfen für so manches Laster,
a Öl dazua na kriegst koa Platten
und auf der Lunge koane Schatten
und unbedingt brauchst Androgene,
do kriagst am Bauch a Haut a scheene,
2x nimmst ein gegen Streptokokken,
sonst haut's di später aus de Socken,
Fatschen brauchst für's Knöcherlsülz,
verschiedene Tropfen no für d'Milz
fürn Hängebauch und für die Boana,
fürn Schüttelfrost und Blasenstoana,
und gegen die vegetative Dystonie,
do nimmst wos ei, weil sonst bist hi!
Jetzt bin i fast nicht mehr zum stoppen,
iatz brauchst no wos fürs saure Koppen,
für d'Warzen wos und für die Zecka,
fürs Bauch- und Halsweh wos zum Schlecka,
fürn Husten Rizinus – i wett,
dös hilft bestimmt – do traust di net,
a Melkfett und a Badesalz
und Staberl für dös Ohrenschmalz,

a Salben für die Zehenschwammerl,
schmierst as gscheit ei im stillen Kammerl
und – wenn die Blähungen net vergehn,
an Saft, damit die Winde wehn!
I kimm iatz nun zum Schluß und End,
i hoff die Ratschläg wern dakennt,
hoch sollst du leben, auch im Alter:
„Bleib frisch wie ein Zitronenfalter!

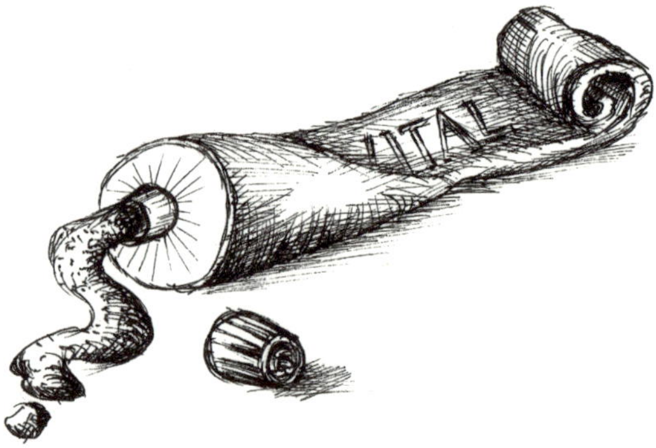

Muttertog

I geh' so gern zum Muttertog,
dös is a Fest, wenn i enk sog,
da Höhepunkt vom ganzen Mai,
beim Muttertog bin i dabei!
Erst macha's mir a Dauerwelle,
dass i wos gleichschaug auf die Schnelle,
na kaff' i mir an Bloamastock,
der derf dann kosten, wos er mog,
do reut mi nix, do laß' ich's kracha,
do wird' net gspart, dös wär zum lacha,
„s'is Muttertog, sog i zum Mo",
der sagt:"dös geht doch mi nix o,
wos host denn oiwei mit dem G'red,
du bist ja doch mei Mutter net,
i bleib net do, wos soll der Schmarrn,
i werd' a weng ins Grüne fahrn"!
Drauf denk i mir, wos soll i toa,
dös Fest, dös feier i alloa,
wos Guats stell' i mir auf den Herd,
damit der Tog recht festlich werd,
na werd da Tisch mit Liebe deckt,
weil s'Essen dann vui besser schmeckt,
i schütt' mir drauf an Willi ein,
dös derf an so an Tog scho sein,
i genieß ihn voller Dankbarkeit,
weil mi der Muttertog so gfreit,
na stell i mir dös Radio ein,
dös muass a wengerl laut gwen sein,
den Lärm, den hob i gor net checkt,
iatz hob i meine Kinder gweckt,

de schaugn darauf, so umara drei,
entrüstet bei der Türe rei:
„A so a Lärm in diesen Haus,
do schlaft ma ja nia richtig aus,
mir stehn iatz auf, na host dein Dreck,
mir duschen uns, dann san ma weg“!
Iatz war i dann a ganz alloa,
und wos i mog, dös derf i toa,
i trink’ darauf a Flascherl Wein,
und duselt sanft am Sofa ein,
im Schlaf hör’ i die Engerl singa
und wias ma ihre Glückwünsch bringa,
„Probiert’s es aus, wos i do sog,
na werds a toller Muttertog“!!

Vergeßlichkeit

I bin a so vergeßlich worn,
i hob a Trumm vom Hirn verlorn,
i vergiß Termine und die Tage,
wos macht ma denn, in so a Lage?
Schreib auf an Zettel, worum es geht,
und wenn i'hn brauch' na find i'hn net,
i vergiß a deama, wia i hoass,
obwohl i dös normal scho woass,
an ganzen Tog bin i am Suacha,
i bin katholisch, derf net fluacha,
mei Brilln suach i den ganzen Tog,
i schiagelt scho, es is a Plog,
manchmal find ich's im Kühlschrank drin,
do kriag i dann mein sechsten Sinn,
wenn i de mal nimma find,
mein lieber Schwan, na bin i blind,
im zweiten Fach, i bin ganz weg,
do find i dann mei Brautgesteck,
dös geht mir a scho länger o,
weil wenn ich's braucha tät, wars do,
an Autoschlüssel hob i a verlegt,
vielleicht hod ebba den versteckt?
Den Loatschwanz, der wo sowos tuat,
den kragelt i, dem geht's net guat,
i mach koan Ärger, na habts an Dreck,
iatz fohr i halt mit' m Radel weg!
De Einlagen für meine Schuach,
de wo i a scho länger suach,
de find i drin in meiner Speis,
in da Gfriertruhe, beim Schokoeis,

i gfrei mi wie a kloanes Kind,
i hob net glaabt, dass ich's no find.
Mit'm Geldbeutel is so a Sach'
der versteckt sich unter meinen Dach,
den suach i Stunden – woasgottwo,
jeds Versteck, dös suach i o,
i bin fast sicher, den homm's ma gstoin,
den Lump, den soll der Teifi holn.

A guate Suppn mecht da Mei,
kaff' Suppenfleisch beim Metzger ei,
dös vergiß i dann im Einkaufssackerl,
Bua, nach fünf Tog, dös war a Gschmackerl!

Woasst wos i a scho länger suach?
Von der Bücherei a Buach,
de mechten dös ganz dringend z'ruck
und macha mir an saubern Druck,
i hobs ja zoid, die Leihgebühr,
iatz ghört dös Buach seit drei Johr mir!

Schee langsam hob i gor koan Zweife,
mei Jugendzeit, de is beim Teife,
dös wird so kemma und zwar scho boid:
„Wenns bled geht, nachat werd' i oid"!

Wellness …

Wellness sagt mei sechster Sinn,
muass heit sei, sonst bist net „in“
so was ist halt iatz der Trend,
traurig dro, wer dös net kennt,
so a Wellnesswochenende,
hofft ma sehr, dös bringt die Wende,
zählts dei Geld erst, obs es leid,
dann stürzt dich in die Wellnesszeit:
Nei geht's in die edlen Hallen,
brauchts am Schluß erst alles zahlen,
net grod wenig, wia ma weiß,
d'Schönheit hat halt ihren Preis,
erst auf d'Waag – da erste Schock,
dass i mi gleich niederhock',
na werst einteilt in zwoa Gruppen,
de oa kriagt Gmüas, de ander Suppn,
und dann kimmst in s' Heubett nei,
schlagens' di in a Heudeck' ei,
du, do schwitzt und alle Sünden,
werst du vielfach dort empfinden,
dann steigst raus aus dieser Kur,
na wart de nächste Prozedur,
abgriebn werst mit feuchte Hodern,
dass ma moant ma kriagt glei Blodern,
mit Aloe-Vera lasst dich liften,
dann entschlacken und entgiften,
na tunkens dich in Ayurveda,
ehrlich gsagt, dös mog net jeder,
dann wern die Falten unterspritzt,
am besten geht dös, wenn ma sitzt,

bioenergetisch geht's dann weiter,
obs wos nutzt, ma woass net – leider,
da Masseur, der nimmt di her,
Kraft hod der, ois wia a Bär,
jeder Knochen tuat dir weh,
sag amoi, is denn dös schee?
A'Essen kriagst, teelöffelweis,
dafür kost's zwoafach seinen Preis,
dann derfst ausruhn a kurze Zeit,
und dann sans mi'm zahln soweit,
kriagst die Rechnung- ohne Zweifel
de halbert Rentn is beim Teifel,
schaugst neugierig dich im Spiegel o,
hörst den Kommentar vom Mo,
ärgerst di, bist gscheiter worn,
host an Haufa Geld verlorn,
und am End' nach all' den Tricks,
stellst dann fest: Gnutzt hods nix!

Bayrisch g'red

Wannst dös konnst, ganz ohne Frog,
brauchst den rechten Zungenschlog,
den host g'erbt, der is dir gebn,
bleibt dir meist fürs ganze Leben,
viele Wörter san verlorn,
klingen fremd in unsere Ohrn,
und die Aussprach war ganz klar,
wußt' ma glei woran ma war,
hob' mir a paar Sprüch' aufgschriebn,
san mir im Gedächtnis bliebn:
Vom Foam wannst redst, na moanst an Schaum,
a mendlichs Holz, dös is a Baum,
und kroalt oana recht broat daher,
auf Hochdeutsch hoaßts: „der läuft sich schwer",
a Irxenschmalz ist unterm Arm,
a Mensch wennst bist na bist verdorbn,
an Juchhe drobn is bei der Heach
und wenn wos quer is, dös is zwerch,
a Kuah wenn meinz geht, hod koan Wert,
wos letzts Johr war, dös nennt ma fert,
soamas – damit is kürzlich gmoant,
hod oana bleckt, na hod er gwoant,
an Keanzl tragt ma unterm Kinn
und wenn wos woach is, dös is lien,
waalan tuat die Wäsch' im Wind,
a Bankert is a ledigs Kind,
a Gfrass dös kimmt an Ofen nei,
auf d'Hoanza nauf, do kimmt dös Heu,
hod oana gstottert, hod er gatzt,
hod ma oan zaahrt, na hod man tratzt,

scheps is schief und lack is lau,
a Braschl is a schiache Frau,
a Immsumperer is a Bienenkretzen
und Herpes hoaßt bei uns da Bletzen
a Sochara is a Unkrautpflanzen
und strian dös hoaßt ma a strawanzen,
dös G'riß hom, is scho länger her,
so umara 40 Johr – ungefähr,
a noats – do moant ma irgendwo,
geht koana d'suachare – is koana do,
a Plocha is a oide Deck
und Lettn hoaßt bei uns da Dreck!
Wer ko an Prŏterer erklärn,
a Suil, a Mosn und an Wern
und red ma gor von einem Oas,
na moant ma dengerst scho wos groass!

A broate Spur, dös is a Loasch
und Butzküah find' ma meist im Foarsch,
da Auswarts is die Frühlingszeit,
a Rom wannst gfohrn bist – wars soweit,
a grisselhaariger – is lockig,
a bolischer – dersoi is bockig,
da Katzenvater is da Leal,
a kloane Henn' dös is a Heal.

Beim roallan ziagt ma d'Bretter zam,
wenn d'Trud' dich druckt hod, wars a Traam,
dadetscht, dös hoaßt bei uns dadruckt,
wer numgschnappt is, der war verruckt,
wannst o'gfloacht worn bist, war net schee,
bist g'waachelt worn, na tat dös weh,

rassln hoaßts, wenn ebbas stinkt,
kürrn, wenn oane hoch naufsingt,
a Nixiger der hod koan Taug
und schiageln tuat ma mit oan Aug',
u'gfurmt hoaßt ma unerzogn,
a Trie hoaßt Kurven oder Bogn,
a Schaaba is a blauer Fürta,
und an Dienstag hoaßt ma Mürta
und da Fürta is a Schürzn,
raße Nagerl nimmst zum Würzen,
zwürgeln hoaßt an etwas zupfa,
dafeankln is dös Brot darupfa,
beim Maßl denkt ma an dös Glück,
kaschle-fohrn, do moant ma zrück
vom Kürkoat macht ma an kloan Haufa,
der kimmt na nauf auf d'Kürkoatschaufa,
neidaalat zwischen Pap und Mamm,
do schmuckat ma im Grüaberl zam!
A Lecka is a Mordstrumm Loch,
Bei iwaschau do moant ma hoch,
a Bracke is a Mo a Trumm,
zwoa-Zentner-zwanzig, rundherum,
es sei der Lale no erwähnt,
den wo in Bayern jeder kennt,
auf neudeutsch fehlt dem Mo da Pepp,
auf boarisch moant ma halt an Depp!

Selten werns, de Wort' de scheena,
an neue Ausdrück' muaßt di gwöhna,
vergessen ist der größte Teil,
heit is bloß ois mehr cool und geil,
i denk die nächste Generation,

hod gor koa Ahnung mehr davon,
drum sollt ma unsere Wörter nehma,
weil koane scheenern nimma kemma
doch wird dös meistens net derkennt,
drum kimm i iatz zum Schluß und End:
deads dös Bayrisch mehr verwenden,
„Sonst wern ma alle hochdeutsch enden!“

Flohmarkt

S’Flohmarktgeh‘ dös is a Plog,
weil ich’s langsam nimma mog,
dreißg Johr einkafft, oides Glump,
alles zoid und nix auf Pump,
iatz hob i koan Ehrgeiz nimma,
ois is voll, a jedes Zimmer,
de oiden Kästen, de oiden Stühl,
geben a schönes Wohngefühl,

wia Musik in meine Ohren,
hört ma manchmal d'Würmer bohren,
und i leb do mittendrin,
weil i halt a Sammler bin,
und bring' i noch oan Schrank ins Haus,
na fliag i samt den Kasten naus,
so droht er mir, mei guater Mo,
und i, i halt mich fast do dro.
I kaff' höchstens no a weng a Gschirr,
i hoff halt, dös vergunnt er mir,
aus de zwanzger Johr, an kloana Huat,
den setz' i auf, der steht mir guat,
a Taschn no, de is dabei,
de geht praktisch obendrei,
de Schuach danebn, laß i net steh,
mit dene kann ich prima geh.

Beim Z'rückgeh durch die Ständ' am Weg,
wie i grod ois so überleg',
do sieg' i plötzlich mit oan Blick,
a ganz a rars, antikes Stück,
an irdnen Nachttopf, a Potschamperl
und dazu passend, s'Nachttischlamperl,
an kloana Teppich, rechts danebn,
den kannt i ja in Hausgang legn,
iatz bräucht i schier ebban zum trogn,
sonst muass i mi so greisslich plogn,
i hob koan Hand frei, dass i zahl'
na kimm i halt a zweites Mal.

Beim Hoamgeh' schaugt a Teddybär,
so armselig vom Stand drübn her,

oa Ohrwaschel fehlt ihm und oa Aug,
wia i zu eahm so nüberschaug,
der derbarmt mi so, der oide Bär,
i gib‘ mei letztes Geld fast her,
links do steht a Besenstiel,
den nimm i mit, der kost net viel,
er schenkt mir noch an Plastikküba,
der andere is eh‘ hinüber,
den bind i dann am Stiel drom hi,
und hoff‘ so siegt heit koana mi.
A Motorradlhaubn aus echtem Leder,
de kaff i no, de hod net jeder,
a Puppenwagerl, a ganz a kloans,
dös nimm i mit, i hob no koans,
dös schubs i vor mir her mit'm Fuaß,
weil ich's unbedingt hoambringa muass.

Schnell lauf' i zu mein Auto hin,
triff ausgerechnet d'Nachbarin:
„Homs einkafft“? fragt sie mich recht bled,
„Na, sog i drauf, eigentlich net“!
S'Auslodn dahoam, mach' i nebenbei,
do hob fast a Woch' dawei,
bis wieder hoasst – mir graust scho heit:
„am Sonntag, do is Flohmarktzeit!“

An meine Kinder

Wenns mi nimma gibt, hinterlaß' i eich,
a unvergeßlich's Erbe,
dös plan' i iatz am besten gleich
und net erst wenn i sterbe.

I hob mei Leben lang gesammelt,
net alles is so toll,
damit do nix vergammelt,
machts die Container voll.

I wirf' koan oiden Schuah net weg
dös fällt mir gor net ei
do bsorgts eich 4–5 blaue Säck',
und schlichtets alles nei!

So stucka fünfadreißg Kubik,
werns sei so ungefähr,
und mit dem oan und andern Stück,
werds' no a bisserl mehr!

Pralinenschachteln samt der Schnur
und s'Weihnachtspackpapier,
dös heb' i auf, aus Bosheit nur,
i hoff, ihr dankt's es mir.

Da Kuchakasten und de Teller
s'Kanapee mitsamt da Deck,
a großer Teil is no im Keller,
ois muass naus und ois ghört weg!

Zeitungen – no ganze Massen,
wos halt in die Schränk' neipassen,
de heb i auf – so is mei Wesen,
vielleicht mog's noch mir oana lesen?

Vielleicht no 2 bis 3 Romadur,
versteck' i in mein Schrank,
na find's net bloß d'Verpackung nur,
sondern a no den Gestank!

I schaug eich dann von oben zua,
mitnand beim aussortiern
und denk' ihr habts mi g'ärgert gmua,
so kannst dich revanchiern!

Vom Übergeb'n

A großer Schritt im Bauernleben,
war und bleibt dös Übergeben,
wenn die Jungen s'Sach übernemma
und de Oiden in Austrog kemma,
de Entscheidung, de is schwaar,
nach Oacha neifohrn zum Notar,
davor, do wird' no vui dischkriert,
wos meist zu koan Ergebnis führt,
ma verlasst sich mehr auf den Notar,
weil der von oi da Gscheiter waar,
der macht dös Ganze dann scho recht,
weil zoid werd er ja a net schlecht,
drum macht ma zerst einen Termin,
do kemmas dann oi viere hin,
de Jungen und de Oiden zwoa,
hom wenig mit'm Notar zum toa,
de junge Bäurin is ganz stad,
weils ja no nix zum Reden hat,
oi hom a weng a gmischtes Gfühl
und hocka sich auf d'Polsterstühl,
der Notar der schaugt zuerst auf d'Uhr,
na fangt er o, mit der Prozedur,
erst wern die Namen alle g'nannt,
de san an Notar meist scho bekannt,
na liest er ro um wos so geht,
und wias halt um den Hof so steht
und schee langsam fangt er dann,
mit dem Austrog regeln an,
schaugt in d'Runden ganz dezent,
weil er seine Leit scho kennt,

hoaklig kannt dös wern, dös Thema,
darum hod er so sei Schema
und da Pap sagt zu der Mamm:
„Geh' mir zwoa, mir halten zamm,
mir schaugn, dass uns auf die oiden Tog,
scho überhaupt nix o'gehen mog,
ja sagt die Mamm, do host du recht,
es is net wenig wos i mecht,
oi Johr a Sau und ja net z'fett,
dös wäre dös erst' wos i gern hätt,
10 Oar da Wocha und koane kloana,
dazua drei Brotlaib, tät i moana,
drei Kilo Fleisch und Wurst dazua,
na kriagn da Pap und i scho gmua,
drei Steckerl Butter in da Woch'
und Bier und Limo brauch' ma noch,
oan Liter Vollmilch von der Kuah,

dös ghört an jeden Tog dazua,
an Monat stucka acht Pfund Mehl,
an Butter und a Speiseöl
und dann aufs Johr, drei Zentner hoff i,
von unseren guaten Speiskartoffe.
Drauf moant da Bua:“Alloa die Oar,
de kemma mir scho reichlich vor
und Fleisch und Wurst, da Woch sechs Pfund,
dös is für oide Leit net gsund,
do mach’ ma iatz an Kompromiss,
weil dös a wengerl ausgschamt is“!

Da Notar sitzt do und schreibt und schnauft,
dass d’ Übergabe guat verlauft,
er blattelt in seinem Protokoll
und schreibt die ganze Seiten voll.
Da Pap sagt leise zu der Mamm:
„ob mir iatz name scho ois ham?
De Wies hintdaus mecht d’Tochter gern
de müssert no weggmessen wern
da zwoate Sohn is laar verbliebn,
a Holz hätt i gern überschriebn,
und no für alle zwoa a Goid,
dös ghört als Elternguat nauszoid,
a Krankenversicherung brauch’ ma oi zwoa,
hom oiwei scho mit’m Dokter z’toa
und s’Pfreandhäusel bräucht a no richten,
do müsst ihr Jungen eich verpflichten,
weiseln brauchts und s’Holz braucht hacka,
weil dös d’Mamm und i net packa
und wos i a no gschriebn hom mecht,
dös waar s’Abortbenutzungsrecht!

Vom Garten mecht ma Gmüas gern essen,
dös hätt i beinah no vergessen,
dazua die guaten Birn' vom Anger,
na müßts für d'Mamm und mi scho glanga!

So geht der Vormittag vorbei
und langsam geht's in Mittag nei,
da Notar, der tuat sein Bleistift spitzen,
de Oiden und die Jungen schwitzen,
und alle viere denka dro:
„Da ganze Tog ist heit verdo,
der hält recht auf, der ganze Schmarrn,
do kanntst acht Fuader Mist nausfahrn,
und das dös Mistrührn leichter waar:
„Ois s'Übergeben bei an Notar"!

Simjudimarkt in Oacha

Simjudimarkt is'zOacha heit,
mei do gibt's an Haufa Leit
und die Kinder hom scho längst,
eahna Muatta oiwei bengst
und hom sehnsüchtig drauf gwart,
dass de Mamm an Markt neifahrt.
Im Auto drin war so sechs Kinder,
d'Mamm war vorn und mir dahinter,
an Naufwegan hom ma meist scho gstrittn,
koana wollt hinein in d'Mittn,
kemma dann in Oacha o,
sagt die Mamm: „dös mach ma so,
paßts auf mir treffa uns um drei,
vorne draus beim Stieglbräu"!
Fünf Mark hods dann an jeden gschenkt,
mei san mir reich, hom mir uns denkt,
am ersten Stand hod's uns scho druckt,
s'Goid hod in der Taschn g'juckt,
Plastikschmuck und bunten Kettn,
wo uns glei scho bitzelt hätten,
a Pfeiferl mit a Feder dro,
wo man aus- und einrollen ko,
a Wasserspritzen brauchts unbedingt,
weil dös meiner Schwester stinkt,
und weils halt so lustig is,
wenn de plärrt ois wia am Spieß,
Hunger kriagt mei freilich a,
alles is zum Essen do,
an Bismarckhering mit vui Zwiebelring'
batzig in da Semmel drin,

hob a Fünftel von mei'm Goid,
für die g'schissne Semmel zoid,
vom Bärndreck no a ganze Tüt'n
her gib i nix, i wird' mi hütn,
Waffelbruch und brannte Nuß,
a Roßwurst und an Negerkuss
und wos mir am meisten stinkt,
dass ma nix mehr obibringt,
und beim Hoamfahrn, bei jeder Hoppen,
fangas hint' drin o zum Koppen,
koa Zehnerl is mehr übrigbliebn,
„und alles andere homma gspiebn"!

Vom Ratschen

Glei' am Anfang vom Gedicht:
Ratschen gibt's bei mir fei nicht,
an Abscheu hob i vor dem G'red,
weil - so was interessiert mi net,
wenn d'Leit – neugierig wias halt san,
ois daredn und ois vadrahn,
dös kammert mir ja nia in Sinn,
weil i hoid gor net ratschat bin,
wenn i wos hör' geh i auf'd Seiten,
i mogs halt net, die Neuigkeiten,
de andern san do sehr erpicht,
bloß mi – mi interessiert's hoid nicht.
Obwohl – wenn i so überleg,
ois steck' i net so einfach weg,
i mach' zwar oiwei d'Ohren zua,
doch d'Leit, de gebn einfach koa Ruah,
es bleibt wos hänga, in mein Hirn,
do braucht man sich ja net geniern,
dös sog i weiter auf der Stoi,
sonst hob i ja mein Kopf so voi,
do mach' i mi doch net verruckt,
den Schmarrn, den homs mir einidruckt
und wos i hör verzoi i weiter:
„Na bleib i gsund und dös is gscheiter"!

Da Ärger

Der ganze Ärger um mich rum
begleitet mich durchs Lebn,
oft denk i nach, wias wirklich wär,
täts gor koan Ärger gebn.

Da wär die ganze Welt im Lot
und nix mehr regt mich auf
und koana schimpft und koana droht,
in meinen Lebenslauf.

Obs guat wär – mei dös woass i net
man müßt's amoi probiern,
ganz ohne Ärger, ob dös geht,
mi dat's halt intressiern.

Vielleicht is dös, wia soll i sogn,
a Lebenselexier,
es regt oan o, schlagt auf den Mogn,
so geht es dir und mir!

Dös ganze Leben nur Harmonie,
und Ruhe bloß im Haus,
nur freindlich sei, do werst ja hi,
„dös halts ja gar nicht aus"!

An einen Bekannten zum Runden

Wenn i heit a Gedicht aufsog,
zu deinem bsondern Ehrentog,
na kimm i extra heit hierher,
und mach dös nur zwengs dir zur Ehr.
Iatz homs dir doch – dös sog i laut,
an Runden auf'n Buckel g'haut,
der braucht fei trogn, der Nuller hinten,
do muass ma sich elendig schinden.
Mit de Wehwehchen, die iatz kemma,
de wird dir niemand mehr abnehma,
es gibt an Spruch – den find i schee,
wannst aufstehst und es tuat nix weh,
bist gstorbn – drum nimm es mit Humor,
na kimmt dir alles leichter vor.
I wünsch dir no an schena Gang
und dös a ganzes Leben lang.
Laß di net ärgern von dein' Wei,
und schick di in dei Schicksal drei,
(...................... von dein Mo,
sonst geht die Gschicht von vorne o).
I wünsch di no von meiner Seiten
oi Tog an Haufa Neuigkeiten,
daß d' warme Füass host, 's ganze Leb'n
und daß dir später d' Rente geb'n,
beiß d' Zähn' zamm, wanns di obiziagt,
und wenn dir wos aufs Hirn nauffliagt,
laß di von niemand unterbuttern,
bloß ab und zu a weng bemuttern,
i wünsch am Schluß, i bin so frei,
im Leben nia a Sauerei,

wannst dös ois machst – dös hört ma gern,
kosch hundert Johr und mehra wern,
dann kimmts a so – ganz ohne Neid:
„Daß di dei neues Alter gfreit“!

’s Kanapee

I hob dahoam a Kanapee
a recht a broats, do flackts sich’s schee,
dös steht auf vier so hohe Stelzen,
do ko ma sich so richtig balzen,
i leg mi nauf – gstreckterläng,
und langsam werds mir gor zu eng,
und um dös Sofa, liebe Leit,
do gibt’s an jeden Abend Streit,
weil mei Mo – dös regt mi auf,
möcht oi Tog auf dös Sofa nauf,
er rumpelt nauf mit einem Satz
und hätt‘ so leicht im Sessel Platz,
dös Kanapee, dös is dös mei,
dös geht mein Ehemann net ei,
wos tuat denn der, i bitt di schee,
do oben auf dem Kanapee?
Wenn i do oben liegen bleib‘
na foid mir ei, wos i ois schreib,
wo er do drobn bloß Fernseh‘ schaut,
mei Liaber, wos sich der fei traut!

I schau, dass net ois eskaliert,
und zu koan Ehestreit net führt,
der Platz der reicht net aus für zwei,
dös Handerlhalten is vorbei,
mir san ja a net leichter worn,
und hom an Haufa Plotz verlorn.

I tät dir ratn, mei lieber Mo,
geh gstell dich künftig net so o,
laß mi aufs Sofa und bleib du drunt,
weil i mi dann erholen kunnt,
i tät dich mit'm Versprechn locka,
du derfst dich neben mich hi hocka,
wenn mir darüber nimma streitn:
„vielleicht kannt i di dann wieder leidn"!

D'Kramerin

D'Kramerin, de lebt net mehr,
lang is scho im Dorf hier her,
dass'hn gebn hod ihren Lodn,
unersetzlich muass ma sogn,
alles war im Laden do,
brauchts net furtfohrn, woasgottwo
d'Kramerin war guat sortiert,
hod tausende Artikel gführt,
im Gedächtnis tuats mir sei,
gern san mir zu ihra nei,
i muass scho sogn, ganz ohne Neid,
für so a Angebot laffst weit,
ois hods ghabt, in allen Ecken,
do ko da Hertie sich verstecken,
aufbewahrt in Schachteln, Dosen,
in Tüten, Büchsen, kleinen, großen,
ziagts as raus dös ganze Sach,
alles unter Dach und Fach:

Christbaumkugeln und Lametta,
für die Kommunion an Beta,
a Laudate no zum Singa,
ois ko d'Kramerin dir bringa,
Nasenring und Ring für d'Henna,
das mas auseinander kenna,
a Kaffeegschirr zum Fürtigang,
Unterwäsch' in kurz und lang,
Nachthemden, Steppdecken, Einschlagtücher,
Spielsachen und Bilderbücher,
Schildkrötpuppen zum Weihnachtsfest,

wo d'Kinderherzen schlagen lässt,
a wollenes Fransentuch für'n Kopf,
a Plastikrolle für den Schopf,
an Fliegenpapp' zum runterziagn,
damits dro hänga bleiben die Fliagn,
an Handschuhstoff, an braunen dicken,
damit do kannst a Socka flicken,
an Brockensoda hods zum putzen,
weil dieser kannt an Holzbodn nutzen,
Saupech gabs zum Sau rasiern,
denn dös wird die nimma gspürn,
Fingerring, fürn Hals a Kettn,
nur vom Feinsten, mecht i wetten,
Sämereien – ois fürn Garten,
Federhalter, Ansichtskarten,
Schiefertafeln, ois für d'Schua,
und den Ranzen no dazua,
an Hosengummi hods gor denkt,
wenn dir d'Hosen obihängt,
Ohrenschützer dutzendweis
und an Kampe für die Läus,
a Wasserglas zum Oar einlegn,
an Winter werd mas dann scho mögn,
do hod mas rausdo aus der Kanne,
und hauts direkt hinein in d'Pfanne.

A Melkfett für da Kuah sei Euter,
und a Bremaöl fürn Heita,
Seihtücherl zum Milch abseicha,
gabs zum kaffa – net zum leicha,
Muskateller und an Schnaps
und a Laiberl samt de Straps,

a Sargausstattung ganz in Weiß,
ois hods ghabt – dös war nix Neu's.
Für die Biberl an blechern Triegl
und für d'Ochsen einen Striegel,
denn ihr Werkzeugsortiment,
hod im Ort hier jeder kennt:
An Misthakel zum Mist roziagn,
den wirst so leicht heit nimma kriagn,
an Kaibestrick, a Kaibekett'n,
dazua a Segas no zum Mäh'n,
an holzern Recha für dös Heu,
na bist beim Aufschlageln dabei,
a Ratzengift, a Fall'n für d'Maus,
na bringst as aus da Kucha naus,
Taschenlampen, Wetzstoa, Kerzen (Kürzn)
und an Schaba oder Schürzn,
oft kimmts mir no in den Sinn,
ois host kriagt beim Kramer drin!

Liebe Kramerin, iatz host dei Ruah,
garbert host im Lebn grod gmua,
und dei Kaufhaus, dös kimmt ro,
koana mehr zum richten do,
Schluß is, aus is und vorbei,
ausgstorbn is die Kramerei!

Grodmitfleiß

Grodmitfleiß red i an Dialekt
und zwar ganz offen – net versteckt,
de Sprach‘ dös is a Trumm von mir,
grod stolz bin i, dös sog i dir,
i red, wia ich’s dahoam hob g’lernt,
vom Hochdeutschen ganz weit entfernt,
vom Schriftdeutsch a – do brauchts net lachn,
i red im ganzen in zwoa Sprachn
und weil man’s hoid ganz leicht versteht,
vorausgesetzt, ma‘ is net bled,
doch so wias ausschaut, braucht wos toa
sonst red‘ i bayrisch bald alloa.

Selbstbewußt, so sollt‘ ma reden,,
zur Sprache steh‘ – i moan an jeden
dös englische zuerst verbanna,
dös trifft die Weiber und die Manna,
koa Grammatik brauch‘ ma net,
de werd bloß in da Stadt drin g’red,
da Butter hörst bei uns no häufig,
und da Radio is uns auch geläufig,
da Mamm sei Taschn, da Mamm sei Huat
ehrlich gsagt, dös klingt doch guat,
mir schern uns net um so an Schmarrn,
do fahrt uns koana an den Karrn.

Landauf, landab do hörst bloß Tschüss,
wo’s herkimmt dös is ungewiß,
dann hört ma oiwei wieder Ciao,
von Italien do kimmt dös rau‘,

verdrängt hod's unser Pfüadigod,
und dös is ehrlich gsagt, fei schod!

Es gibt an kloana Hoffnungsschimmer,
so altmodisch is da Dialekt heit nimma,
in Minka hob i kürzlich g'hört,
dass Bayrisch unterrichtet werd,
in de Schulen und Kindergärten,
versuacht ma die Sprache aufzuwerten,
obs z'spät is, du dös tät mir leid,
wär ois verlorn, in Ewigkeit,
na bleibat i – wenn ma so will,
„A übrigbliebenes Fossil"!

Der Weihnachtsmann

Da Weihnachtsmann, der dicke, rote
druckt rei bei uns als Festtagsbote,
und tuat scho jahrelang in Bayern,
mit uns die Weihnachtsfeste feiern.

Früher kam in jedes Haus,
nur der Bischof Nikolaus,
der guate Mo der werd verdrängt,
weil vor'm Fenster drauss' da Rote hängt.

Von Amerika, do homs'hn importiert,
und mir - mir hom ihn dann kopiert,
von Würde is bei eahm koa Spur,
er is a Weihnachts-Witzfigur!

Er kimmt mit lauten „Ho, ho, ho"
ganz selbstbewußt – so steht er do
um den Bauch a Mordstrumm Schnalln
bild sich ei, er tät oi gfalln.

Geh z'ruck wos'd herkimmst, do ghörst hi
und denk net, mir vermissen di
und laß uns hier im Land a Ruah,
mir hom in Bayern Glosen gmua!

Da Christbaumkauf

An Weihnacht mecht i Harmonie,
dös wär mei größte Freid,
doch leider haut dös meist net hi,
dös tuat mir ehrlich leid!

Da Mo, der kafft an Christbaum ei,
er hod a rechts Talent,
i red eahm ehrlich gsagt net drei,
weil man die Männer kennt.

I fohr' dann mit zum Christbaumkauf,
so ghört sich's jedenfalls,
und noch a Stund' do regts mi auf,
i kriag a so an Hals!

500 Christbäum' warn am Platz,
von buckelt bis ganz grod,
koa oanziger der hod eahm paßt,
na gibt's halt heir koan – schod!

A so fangts o de Streiterei,
hod alles keinen Zweck,
i pack mein Geldbeutl wieder ei,
na san ma wieder weg.

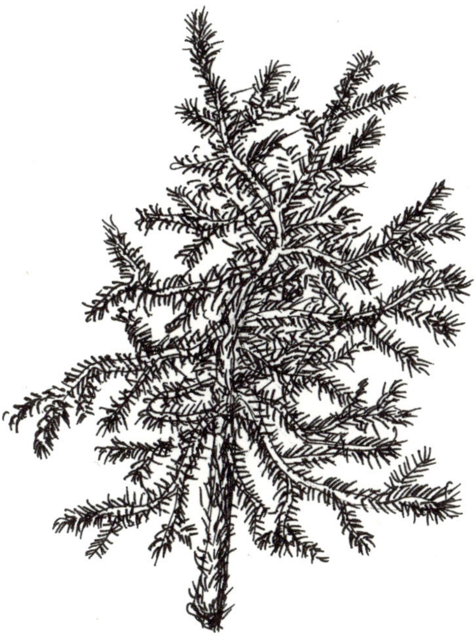

Mir hom dann gstritt'n im Auto drin,
weil i ja nix versteh,
und weil i z'wenig kritisch bin,
für mi wärn alle schee.

Am Heiligabend fahrt er dann
zum Einkauf ganz alloa,
fahrt sechs verschiedne Plätze an,
na hod ma wos zum toa.

Er kimmt mit'm Baam beim Zimmer rei,
von weiten sieg ich's scho,
i bin ganz staad und halt mei Mäu,
gangs Streiten von vorne o.

Der buckelt Baam, wia soll i sogn,
der passt in gor koa Norm,
vielleicht hod er ja net vui kost,
mit seiner bsondern Form!

A so a Gschiss um so an Baam,
dös hätt' i gor net woin,
i reim mir's für mi selber zaam:
„Den hätt' i leichter gstoin"

Weihnachten 07 – an meine Freunde

Zu Weihnachten, do wünsch i dir,
a wunderschönes Trumm,
dös steht dir zua, so denk i mir,
dann steht oans mehra rum.

Du host an Platz in meinem Herz,
drum kriagst von mir a Post,
dös reut mi net, dös is koa Scherz,
a wenn's mi s'Porto kost!

Laß Weihnachten vorübergeh'
und s'Neue Johr dazua
na is – dös find i bsonders schee –
a ganzes Johr a Ruah!

Weil über's Johr do schreib' i net,
do habst mi alle gern,
nächstes Johr zum Weihnachtsfest,
werd's wieder von mir hörn!

Weihnachten

Iatz is er do, da stad Advent,
ma hod sich heit scho fast darennt,
von überoi hört ma Weihnachtslieder:
Weihnachten homma a scho wieder!

Alles hastet, rennt und lafft
und an Haufa Glump wird‘ kafft,
Prospekte kemma rein ins Haus,
suachts eich fei no grod wos raus,
dass ois do is am Weihnachtstog,
wos ma meist net braucht und mog,
s'Weihnachtsgeld, dös muass iatz weg,
homs ja kriagt zu diesem Zweck,
grod gspaßig wern gor viele Leit,
weils anders is – dö Weihnachtszeit,
sie roasen, kaffa, hetzen, fluacha,
weils gor net wissen, wos sie suacha,
a jeder machts auf seine Weise,
der oa mogs laut, da ander leise
und manche dean in Urlaub fahrn,
sie mögn an net – den Weihnachtsschmarrn
und andere, de suacha s'Licht
sie finden s'ganze Johr oft nicht,
wieder andre, feiern dahoam in Ruah,
de ganz Familie kimmt dazua
und frein sich, weil auf diese Weise,
trifft man sich im Familienkreise,
a so a Fest, dös is fei schee,
um Mitternacht in d'Kircha geh,
a wenn mas ganze Johr oft nicht,

dös Gotteshaus von innen siecht,
bei Bier und Wein und guten Essen,
do derf ma fei a net vergessen,
dass um uns rum oft Armut is,
a wenns versteckt is, dös is gwiß,
das s'Hunger gibt, gor net so weit
und dass a Stückerl Brot oft feit,
grod do sagt uns dös kloane Kind,
dass ma do sein Frieden find,
wo nix mehr ist, koa Luxuslebn,
do werds den Weihnachtsfrieden gebn,
wo nix mehr gilt, koa Gut und Geld,
do kimmt dös Christkind in die Welt,
wo's Leit gibt, die koa Obdach hom,
wo Kranke nach a Hilfe frogn,
do kimmt es her, dös Hoffnungslicht,
ohne dem, do gaabs koa Weihnacht nicht,
dös Kind sagt uns, so nackt wias is,
das die Botschaft in uns selber is,
s'teilen lernt er uns da Bua
und die Barmherzigkeit dazua,
s'stad sei in der lauten Zeit,
s'rauskemma aus der Gschäftigkeit,
es lehrt uns a, dös göttlich' Kind,
dass mir nimma selber sind,
triebn von der Unruhe und vom Kauf,
reibt uns dös Weihnachten fast auf,
ois muass her und ois muass sei,
kaff ma zerst an Christbaum ei,
a Adventskalender muass a no her,
mit Schokolad – sonst gibst Geplärr,
Weihnachtsfeiern grod überoi,

do muass ma hi, in jedem Foi,
den Weihnachtsbrotn, die Weihnachtswurst,
das Weihnachtsbier fürn Weihnachtsdurst,
dann wird no ois schee dekoriert,
weil man sich langsam sonst geniert,
wenn in dein' Haus koa Licht net brennt,
so wie herüben und a drent,
wenn da Fernseher lafft, in da Heiligen Nacht,
weil man et woass, wos ma mit da Familie macht,
na wird's Zeit, dass ma zum denka kimmt,
ob Weihnachten a so no stimmt?

In uns dös Kind, dös braucht sei Ruah,
es hört ihm ja sonst koana zua,
do zählt net bloss dös Weihnachtsgeld,
es braucht den Frieden in der Welt,
a jeder kann die Botschaft hörn:
„Friede den Menschen, von Gott den Herrn"!
Friedn findst net, dös woass i gwiß,
wenns rundrum laut und hektisch ist,
es gibt a Zeit, wo mas sich nimmt,
do wo ganz stad dann Weihnacht kimmt,
dös find man net in Hast und Trubel,
do kimmt er net, das Festtagsjubel,
ganz still in uns und unserm Hirn,
do kannst den Weihnachtsfrieden gspürn,
wenns jeden so geht, na kannt dös passen,
na könn' mas Christkind kemma lassn,
drum hoid ma stad und lassens zua:
„Dös wos mir suacha – die Weihnachtsruah"!

Zum Abschluß noch dös Lied von der Höll'

Wia stellt ma sich dös Jenseits vor,
hob drüber nachdenkt, lang,
erst geht ma durch a großes Tor,
do is dann der Empfang.

Da Petrus hod scho auf dich gwart,
und hakt dein Namen o,
i denk, der Tog der werd' heit hart,
na geht's a Stockwerk no.

Do drunt do geht a Türe auf,
Iatz werds guat warm – ja rat:
schaug i aufs Barometer nauf,
hod's achtadachtzig Grod.

Do kimmt dir a Gestank entgegn
nach Schwefel und nach Bock,
und oi san überndüberglegn,
der ganze untre Stock.

Do drunt spielt oana Teifelsgeign,
mit einem Mordstrumm Bogn,
und wenn eahm oana z' nachert kimmt,
der werd damit daschlogn.

Da Mussolini tanzt an Twist,
mit'm Stalin vis-a-vis,
wer do ois in da Höll' drunt is,
dös glaubst davor fei nie.

Bekannte siegst, an Haufa Leit,
de kennst von früher her,
de kümmern sich um d'Sauberkeit,
vom Dreck und von dem Teer.

Über's Fegfeuer geht a Hutschen,
do schwingens hin und her
und daneben do führt a Rutschn,
hinein in hoassn Teer.

Da Hitler Ade ruaft zum Tanz,
roast oiwei rundherum,
na tritt eahm oana auf den Schwanz,
dös war da Mao-tse-tung.

Zum Essen gibst a Froschlaichsoss'
mit Fliegendreck obendrauf,
da Oberteufel is da Boss,
der teilt dös alles aus.

Ehrlich gsagt, do wird dir bang,
wannst dös so alles hörst,
versprichst, dass s'ganze Leben lang
koa Sünd' mehr macha werst.

Da Gankerl kimmt iatz auf di zua,
mit'm Zweispitz in sein'm Arm,
dabei wachst auf und dir wird klar:
I bin ja no net gstorbn!